BEI GRIN MACHT S
WISSEN BEZAHLT

- Wir veröffentlichen Ihre Hausarbeit,
  Bachelor- und Masterarbeit

- Ihr eigenes eBook und Buch -
  weltweit in allen wichtigen Shops

- Verdienen Sie an jedem Verkauf

Jetzt bei www.GRIN.com hochladen
und kostenlos publizieren

Bibliografische Information der Deutschen Nationalbibliothek:

Die Deutsche Bibliothek verzeichnet diese Publikation in der Deutschen National-bibliografie; detaillierte bibliografische Daten sind im Internet über http://dnb.d-nb.de/ abrufbar.

Impressum:

Copyright © 2013 GRIN Verlag
Druck und Bindung: Books on Demand GmbH, Norderstedt Germany
ISBN: 9783668642904

Dieses Buch bei GRIN:

https://www.grin.com/document/412988

Jude Wimalathas

Auswirkungen transformationaler Führung in betrieblichen Veränderungsprozessen

Kritische Bestandsaufnahme und Implikationen für die Praxis

GRIN Verlag

GRIN - Your knowledge has value

Der GRIN Verlag publiziert seit 1998 wissenschaftliche Arbeiten von Studenten, Hochschullehrern und anderen Akademikern als eBook und gedrucktes Buch. Die Verlagswebsite www.grin.com ist die ideale Plattform zur Veröffentlichung von Hausarbeiten, Abschlussarbeiten, wissenschaftlichen Aufsätzen, Dissertationen und Fachbüchern.

Besuchen Sie uns im Internet:

http://www.grin.com/

http://www.facebook.com/grincom

http://www.twitter.com/grin_com

RUHR-UNIVERSITÄT BOCHUM

Fakultät für Wirtschaftswissenschaft

Lehrstuhl Arbeitsmanagement und Personal

Bachelorarbeit zur Erlangung des akademischen Grades Bachelor of Science (B.Sc.)

über das Thema:

„Auswirkungen transformationaler Führung in betrieblichen Veränderungsprozessen - kritische Bestandsaufnahme und Implikationen für die Praxis"

Abgabetag: 18.12.2013

Inhaltsverzeichnis

Abbildungsverzeichnis

Abkürzungsverzeichnis

Abb.   Abbildung

bzgl.   bezüglich

ggf.   gegebenenfalls

u.a.   unter anderem

u.U.   unter Umständen

vgl.   vergleiche

z.B.   zum Beispiel

1. Einleitung

Das 21. Jahrhundert stellt viele Unternehmen vor veränderten Rahmenbedingungen und erfordert weitreichende Adaptionen. Aufgrund der Globalisierung sehen sich Organisationen mit der Herausforderung konfrontiert, stetig innovative und kreative Produkte und Dienstleistungen zu entwickeln, um die Wettbewerbsfähigkeit erhalten bzw. ausbauen zu können. Der Wandel wird vor diesem Hintergrund genau dann unabdingbar, wenn vorhandene Strukturen und Prozesse nicht mehr mit den Unternehmenszielen kompatibel sind (vgl. Vahs/Leiser 2007, S.27). Dabei werden betriebliche Veränderungsprozesse wie Restrukturierungen, Fusionen, Downsizing oder Outsourcing zunehmend relevanter für Unternehmen, schließlich verfolgt man hierdurch die Steigerung von Effektivität und Effizienz. In der Vergangenheit mussten sich zahlreiche Unternehmen Wandlungsprozessen unterziehen, um den veränderten Rahmenbedingungen gerecht zu werden (vgl. Bullinger 1996, S. 2).

Veränderungsprozesse bringen jedoch auch Demotivation und Verunsicherung mit sich: Mitarbeiter verspüren einen höheren Leistungsdruck und leiden oftmals unter den gestiegenen Anforderungen (vgl. Kruse 2005, S. 24). Ausgehend von Callans Studie kann konstatiert werden, dass bevorstehende Fusionen Kontrollverluste und Ängste bei den Mitarbeitern auslösen und in der Folge auch zu einem Absinken der Arbeitsmoral führen (vgl. Callan 1993, S. 64f.). Im Zuge dessen können sich Proteste in Form von Widerständen bei den Organisationsmitgliedern ergeben. Beer und Nohria (2000) sind der Ansicht, dass 70% der Veränderungsprozesse scheitern, weil Strategien und Visionen fehlen, sich Widerstände ergeben und vor allem keine ausgeprägte Vertrauenskultur vorherrscht.

Das Gelingen des Veränderungsvorhabens ist von einer adäquaten Führung und Kommunikation abhängig. Führen meint nach heutigem Verständnis jedoch mehr als nur die zielgerichtete Ingangsetzung (vgl. Seidel et al. 1988, S. 3f.). Die Intention der Mitarbeiterführung liegt vielmehr in der Einflussnahme auf die Entscheidungen und die Verhaltenssteuerung anderer Menschen, wobei dies mittels eines richtungsweisenden Einwirkens auf vorgegebene und aufgabenbezogene Ziele erfolgt (vgl. Weibler 2012, S. 19). Dabei werden besonders von den Führungskräften die fachliche sowie die soziale und methodische Kompetenz in Bezug auf die Herangehensweisen und Kommunikation mit den Mitarbeitern erwartet. Führungskräfte müssen im Rahmen von Veränderungsprozessen einen anderen Führungsstil praktizieren als in Zeiten, in denen die unternehmerischen Strukturen bereits etabliert sind. So ist Führungsstärke neben dem fachlichen Know-how eine wichtige Voraussetzung für die erfolgreiche Bewältigung von organisationalen Wandlungsprozessen.

Im Rahmen der Führungsforschung existiert eine Vielzahl an Theorien und daraus abgeleiteter Führungskonzepte. Das Konzept der transformationalen Führung wird in der Wissenschaft oft im Zusammenhang mit Veränderungen thematisiert. Dabei werden im Kern die positiven Auswirkungen hervorgehoben, darunter höhere Zufriedenheit oder Leistungssteigerung. Mittels transformationaler Führung sollen die Geführten auf emotionaler Ebene angesprochen und für die gemeinsamen und übergeordneten Ziele begeistert werden (vgl. Bass 1985).

Dennoch gilt es auch die Risiken zu fokussieren. In der Metastudie von Hunt und Conger (1999) wird bemängelt, dass der Schwerpunkt der Empirie auf die positiven Effekte des transformationalen Führungsstils gelegt wird und demnach mögliche negative Wirkungen aus der Betrachtung exkludiert werden (vgl. Hunt/Conger 1999, S. 342ff.).

Ziel dieser Arbeit ist die Darstellung der Chancen und Risiken transformationaler Führung in betrieblichen Veränderungsprozessen. Zur Beantwortung der Forschungsfrage werden zu Beginn des zweiten Kapitels die betrieblichen Veränderungsprozesse im Allgemeinen beleuchtet und anschließend das Verhaltensmuster der Mitarbeiter und die Entwicklung von Veränderungsprozessen anhand des 7-Phasenmodells nach Streich erklärt. Das dritte Kapitel legt den Fokus auf die Komponenten der transformationalen Führung. Gleichzeitig wird im Anschluss auf den aktuellen Forschungsstand hinsichtlich der Auswirkungen transformationaler Führung eingegangen. Im Nachgang wird die Forschungsfrage, welche sich auf die Auswirkungen transformationaler Führung in betrieblichen Veränderungsprozessen bezieht, kritisch diskutiert, wobei hierauf aufbauend Implikationen für die Praxis vorgestellt werden. Im Fokus stehen vor allem die daraus resultierenden Chancen und Risiken. Abschließend werden die gewonnenen Erkenntnisse durch ein Fazit prägnant gebündelt.

2. Betriebliche Veränderungsprozesse und Herausforderungen für das Führungsverhalten

2.1 Geplanter und ungeplanter organisationaler Wandel

Innerhalb der Literatur wird zwischen geplantem und ungeplantem Wandel unterschieden. Dabei gilt der Sozialpsychologe Kurt Lewin als Pionier der Organisationsentwicklung (vgl. Greif et al. 2004, S. 55). Der geplante bzw. revolutionäre Wandel enthält zielgerichtete Entscheidungen in Bezug auf die Organisationsgestaltung und dient dem Ziel der Effizienzsteigerung. Durch gesteuertes und strategisches Umdenken wird eine Neuausrichtung der Organisation herbeigeführt. Bekannte Beispiele hierfür sind Restrukturierungsprozesse, Fusionen oder das klassische Change Management. Es werden Möglichkeiten offeriert, um sich im Vorfeld auf bestimmte Situationen einzustellen und vorzubereiten (vgl. Staehle 1999, S. 899f.).

Der ungeplante Wandel ist dagegen ein notwendiger Prozess, der unabhängig vom Willen der Betroffenen zumeist unbemerkt und zufällig im Hintergrund erfolgt. Die Organisation reagiert mit Maßnahmen, um den ursprünglichen Gleichgewichtszustand wiederherzustellen. Dieser Prozess äußert sich in der Praxis z.B. in Form von Unternehmenskrisen, bei denen zügiges Handeln und tiefgreifende Adaptionen in die Organisationsstruktur notwendig sind, um eine langfristige Wettbewerbsfähigkeit und einen nachhaltigen Markterfolg zu erreichen (vgl. Vahs 2012, S. 286).

Abb. 1: Wandel 1. und 2. Ordnung in Bezug auf Komplexität- und Intensitätsgrad
Eigene Darstellung in Anlehnung an Vahs 2012, S. 287

Watzlawick, Weakland und Fisch (1974) klassifizieren den geplanten oder ungeplanten Wandel zusätzlich als Wandel erster und zweiter Ordnung. Veränderungen erster Ordnung verlaufen linear bzw. kontinuierlich und sind durch leichte Modifikationen hinsichtlich der Arbeitsweise charakterisiert. Dieser Prozess kann entweder geplant oder ungeplant bzw. evolutionär verlaufen. Die Rahmenbedingungen bleiben dabei unverändert.

Veränderungen zweiter Ordnung verlaufen dagegen diskontinuierlich und implizieren drastische Anpassungen des Ist-Zustands, bei denen die Rahmenbedingungen neu formuliert und Verhaltensmuster angepasst werden müssen (vgl. Scherm/Pietsch 2007, S. 259). Hierbei erhöhen sich Intensität und Komplexität der Veränderungsmaßnahmen deutlich (vgl. hierzu Abbildung 1).

Wesentlich ist in diesem Kontext besonders das richtige Führungsverhalten, mit dessen Hilfe die Akzeptanz der Beteiligten erreicht werden kann. Reorganisationen sind dann erfolgreich, wenn neben der Realisierung der Wandlungsziele vor allem die Mitarbeiter von der Notwendigkeit des Wandels überzeugt sind und sich für die Zielerreichung engagieren. Für Führungskräfte besteht die Herausforderung darin, Mitarbeiter im Unternehmen zu halten und sie bestmöglich auf bevorstehende Veränderungen vorzubereiten. Die Motivation zur aktiven Teilnahme am Wandel, insbesondere demjenigen zweiter Ordnung, kann dabei als wesentlicher Erfolgsfaktor angesehen werden (vgl. Meyer-Eilers 2006, S. 55f.).

2.2 Interne und externe Ursachen organisationalen Wandels

Die Analyse der Ursachenkomplexe von Veränderungsprozessen erfordert eingangs eine Differenzierung zwischen internen und externen Ursachen. Die Globalisierung der Märkte ist dabei ein wesentlicher externer Verursachungsfaktor, wobei die Kommunikation und der Warenaustausch immer vernetzter werden. Die langfristige Etablierung am Markt setzt bei den Unternehmen eine schnelle und gezielte Reaktion auf Marktveränderungen voraus. Traditionelle Organisationsstrukturen lösen sich mit der Zeit auf: Wissenszuwachs, technische Entwicklung und Internationalisierung erlangen eine höhere Bedeutung. Ferner bedarf es der Einführung von Innovationen und einzigartigen Produkten (vgl. Vahs 2012, S. 289ff.). Im Bereich der IT- und Informationsentwicklung werden diese Anforderungen an Organisationen zunehmend durch die schrumpfende Halbwertszeit von

Wissen[1] erschwert. Mitarbeiter müssen sich ständig neues Wissen aneignen, um den gestiegenen Anforderungen gerecht zu werden (vgl. Holtbrügge 2004, S. 206).

Des Weiteren ist seit den 1960er Jahren ein zunehmender gesellschaftlicher Wertewandel zu konstatieren, wobei materielle Werte an Bedeutung verlieren und postmaterielle Werte zunehmend wichtiger werden. Extrinsische Motivationsfaktoren wie Entlohnung, materielle Sicherheit und Wohlstand werden zunehmend durch postmaterielle Werte wie dem Wunsch nach Selbstverwirklichung in Form von Autonomie, Individualisierung, Anerkennung und Mitbestimmung am Arbeitsplatz substituiert (vgl. Vahs 2012, 322). Rosenstiel benennt vor allem das gestiegene Bildungsniveau, den technischen Fortschritt sowie die Höherbewertung der Work-Life-Balance als wesentliche Ursachen.

Als interne Auslöser von betrieblichen Veränderungsprozessen werden insbesondere Managementfehler in der Vergangenheit genannt (vgl. Vahs 2012, S. 324f.). Durch Fehlinvestitionen, falsche Absatzpolitik oder verspätete Entwicklung neuer Produkte können Unternehmen in substantielle Krisensituationen versetzt werden. Ebenso gehören neue Führungskonzepte, veränderte Strategien (z.B. Konzentration auf die Kernkompetenzen, Diversifikation) und eingefahrene Verhaltensweisen zu den internen Verursachern von Veränderungsprozessen. Dabei wird in den meisten Fällen ein enormer Handlungsdruck ausgelöst, durch den wiederum ein Veränderungsprozess eingeleitet wird (vgl. Vahs 2012, S. 324f.).

Oftmals sind die Mitglieder selbst an den Ursachen beteiligt, z.B. in Form von Machtkämpfen, Führungsfehlern, unzureichender Motivationen oder fehlendem Commitment gegenüber dem Unternehmen (vgl. Schanz 1994, S.386).

2.3 Widerstände in organisationalen Wandlungsprozessen

Während einige Individuen Veränderungen positiv bewerten und unterstützen, halten wiederum andere an den traditionellen Organisationsstrukturen fest. Widerstände ergeben sich, wenn zuvor als sinnvoll und notwendig erachtete Maßnahmen auf Ablehnung stoßen. Dies kann einzelne Individuen, Gruppen oder die ganze Belegschaft eines Unternehmens betreffen (vgl. Doppler/Lauterburg 2008,

---

[1] Die Halbwertszeit beträgt in der IT-Branche etwa 2 Jahre

S. 336ff.). Picot und seine Forschungsgruppe haben Restrukturierungsprozesse fünf deutscher Großunternehmen[2] mit unterschiedlichen Geschäftsbereichen hinsichtlich Einflussfaktoren bei Veränderungsprozessen untersucht. Die Mitarbeiter wurden mittels Fragebogen befragt, wobei der Wert 7 auf der Skala als „äußerst wichtig" einzustufen ist und im Vergleich dazu der Wert 1 als „gar nicht wichtig" (vgl. Picot/Freudenberg/Gaßner 1999, S. 10ff.). Dabei haben sich folgende zehn Faktoren als besonders wichtig herausgestellt:

Die Vermeidung unnötiger Unsicherheiten hat die größte Bedeutung während der Implementierungsphase (vgl. hierzu Abbildung 2). Viele Arbeitnehmer empfinden Veränderungen als persönliche oder berufliche Bedrohung, die mit Schuldgefühlen und dem Verlust sozialer Beziehungen, Einkommenseinbußen und im schlimmsten Fall mit dem Arbeitsplatzverlust verbunden sind. Das Streben nach Sicherheit, Kontinuität und Stabilität im Berufsleben geht auf Kieser zurück und wird an anderer Stelle auch als organisatorischer Konservativismus bezeichnet (vgl. Kieser/Hegele/Klimmer 1998, S. 121ff.). Des Weiteren können durch den Abbau von Hierarchiestufen vermehrt Konfliktpotenziale bzw. Status- und Machtspiele innerhalb der Organisation auftreten. Gemeint ist hierbei der sog. politische Widerstand. Die Angst vor persönlicher Dequalifizierung und Prestigeverlust schürt Konkurrenzdenken und mündet nicht selten in irrationalen Handlungsweisen, die sich hinderlich auf den Unternehmenserfolg auswirken (vgl. Vahs 2012 S. 364). Auf aktiver non-verbaler Ebene können Unruhen, Streitigkeiten, Intrigen und Gerüchte das Organisationsklima erheblich schädigen. Die daraus resultierende verminderte Leistungsfähigkeit bzw. Bereitschaft kann Produktivitätseinbußen nach sich ziehen und den Wettbewerbsprozess gefährden (vgl. Doppler/Lauterburg 2008, S. 339; Kraus et al. 2006, S. 62; Beerheide et al. 2012, S. 11). Ein positives Betriebsklima zu schaffen ist u.a. ein bedeutendes Kriterium für die Motivation von Mitarbeitern (vgl. hierzu Abbildung 2).

Vorherrschende Informationsasymmetrien und mangelnde Kommunikation verstärken die Unsicherheiten und Angstzustände bei den Survivors (vgl. ebenda, S. 9ff.). Daher ist ein gerechtes Arbeitsumfeld und eine offene Kommunikationspolitik als ebenso zentral anzusehen (vgl. hierzu Abbildung 2). Des Weiteren wird u.a. auch die Partizipation in Veränderungsprozessen als wichtiger Faktor eingestuft (vgl. hierzu Abbildung 2).

---

[2] Über 320 Mio. Euro Umsatz, mehr als 2000 Mitarbeiter

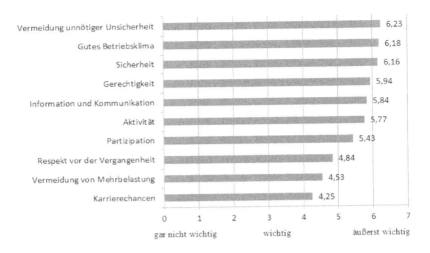

Abb. 2: Präferenzstruktur der Mitarbeiter in der Implementierungsphase
Eigene Darstellung in Anlehnung an Picot/Freudenberg/Gaßner 1999, S. 47

2.4 Entwicklung betrieblicher Veränderungsprozesse ausgehend vom 7-Phasenmodell nach Streich

Komplexität und Dynamik der Veränderungsprozesse sind für Organisationsmitglieder mit neuen Arbeitsabläufen und Unsicherheiten verknüpft. Je schneller sich
der Wandel vollzieht, desto mehr Faktoren müssen in die Betrachtung inkludiert
werden. Hieraus ergibt sich in der Praxis ein unüberschaubarer Prozess, wobei
besondere Herausforderungen im Hinblick auf die Mitarbeiterführung resultieren.
Das Reaktionsmuster von Mitarbeitern in betrieblichen Veränderungsprozessen
kann am ehesten mit dem 7-Phasenmodell nach Streich (1997) – in Anlehnung an
das 3-Phasenmodell von Kurt Lewin – erklärt werden. Dabei bietet das Modell
von Streich einen höheren Detailgrad und berücksichtigt ebenso die affektive
Komponente der Mitarbeiter in den durchlebten Phasen.

Die erste Phase ist eine Reaktion auf die neue und ungewohnte Situation, bei der
die Diskrepanz zwischen den Erwartungen und der vorliegenden Realität einen
Schockzustand auslöst. Mitarbeiter werden durch veränderte Rahmenbedingungen
und neuartige Aufgabenbereiche aus vertrauten Strukturen und Rollen herausge-
rissen. In der Folge erscheinen die Rollenverteilungen als unklar und alte Verhal-

tens- und Reaktionsmuster werden abgelegt. Individuen wirken zunächst unfähig im Umgang mit der neuen Situation, wodurch die wahrgenommene Kompetenz sinkt (vgl. Kostka/Mönch 2006, S. 12; Kahn/Wolfe/Quinn/Snoek/Rosenthal 1964, S. 72 ff.).

Im Rahmen der zweiten Phase kommt es zur Ablehnung hinsichtlich der Notwendigkeit von Veränderungen und es entstehen unauffällige Proteste gegen neu eingeleitete Prozesse. Die Folge sind defensive Verhaltensweisen seitens der Mitarbeiter, bei denen z.B. Verantwortliche nicht akzeptiert oder Tätigkeiten verweigert werden, da diese nicht zum ursprünglichen Aufgabenfeld gehören. Bei Gruppen mit höherem Zusammengehörigkeitsgefühl wird der Widerstand durch kollektive Arbeitsverweigerung verstärkt. Erhöhte Fluktuations- bzw. Absentismusraten und die Bildung von abgrenzenden Untergruppen sind mögliche Folgen (vgl. Ashforth/Lee 1990). Altbewährte Einstellungen und Paradigmen bleiben weiterhin bestehen. Hieraus resultiert anschließend eine überhöhte Einschätzung der Verfahrens- und Verhaltenskompetenz (vgl. hierzu Abbildung 3).

Die Einsicht von Fehlern und die Notwendigkeit von Veränderungen wird in der dritten Phase erkannt. Der betrieblich bedingte Personalabbau führt möglicherweise zu einer „Erweiterung" der Arbeitsinhalte. Mitarbeiter müssen sich neues Wissen aneignen und reflektieren ihre eigene Kompetenz selbstkritischer, was Frustrationen auslöst und den Problemlösungsprozess hemmt (vgl. Böning/Fritschle 1997, S. 41). Durch die kritische Reflexion der eigenen Kompetenz sinkt die wahrgenommene Kompetenz erneut (vgl. hierzu Abbildung 3).

Die vierte Phase, welche auch als emotionale Akzeptanzphase bezeichnet wird, ist geprägt von der Bereitschaft zur Anpassung an Veränderungen und zum Ablegen gewohnter Verhaltensmuster. Im Falle von Rückschlägen können Individuen jedoch erneut in alte Verhaltensmuster bzw. in Phase zwei zurückfallen (vgl. Kostka/Mönch 2006, S. 12).

Im Zuge der fünften Phase wird ein Lernprozess angestoßen, bei dem neue Verhaltensweisen in verschiedenen Situationen erprobt werden. Durch Erfolge und Misserfolge werden neue Kompetenzen erschlossen (vgl. Kostka/Mönch 2006, S. 12).

Die sechste Phase ist die Erkenntnisphase, bei der Informationen und Erkenntnisse gesammelt und dahingehend hinterfragt werden, inwiefern sie zum Erfolg oder Misserfolg beitragen konnten. Demnach kommt es zur Bewusstseinserweiterung, die durch die höhere Verhaltensflexibilität gegeben wird. Die wahrgenommene

Kompetenz steigt an (vgl. Kostka/Mönch 2006, S. 12).

Die siebte und letzte Phase ist die Integrationsphase. Akzeptierte Verhaltensweisen werden in den Arbeitsabläufe einbezogen und an andere Mitarbeiter weitergegeben (vgl. Kostka/Mönch 2006, S. 12).

Das Durchleben aller oben genannten Phasen nimmt einen Zeitraum von mindestens einenhalb bis zwei Jahre in Anspruch (vgl. Böning/Fritschle 1997, S. 41f.).

Der Erfolg betrieblicher Veränderungsprozesse hängt signifikant von der Motivation und Veränderungsbereitschaft der Organisationsmitglieder ab. Dabei übernehmen Führungskräfte zunehmend die Aufgabe eines Motivators und Coachs, um Geführte von der Notwendigkeit der Veränderungen zu überzeugen und damit Zukunftsängste und Unsicherheiten zu nehmen. Im Zusammenhang mit Veränderungen wird häufig der transformationale Führungsstil thematisiert. Fokussiert werden dabei verstärkt die positiven Wirkungen in Bezug auf Leistung und Zufriedenheit. Bass definiert den transaktionalen Führungsstil als komplementär zur transformationalen Führung, wobei es letzterem Führungsstil weitestgehend gelingt auf (materielle) Belohnung im Tausch gegen Leistung zu verzichten und durch wechselseitige Erwartungen Geführte auf eine höhere Ebene zu befördern. An dieser Stelle sollen persönliche Interessen den Unternehmenszielen untergeordnet werden (vgl. Burns 1978; Avolio/Bass 2004 S. 3ff.; Bass 1999; Hinkin/Tracey 1999).

Das folgende Kapitel gibt zunächst einen Überblick über die Komponenten der transformationalen Führungstheorie und thematisiert im Anschluss den thematisch relevanten Forschungsstand.

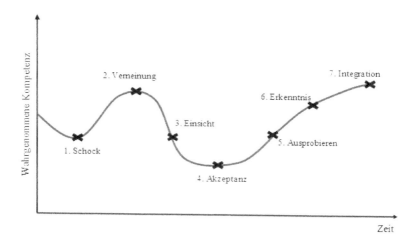

Abb. 3: 7-Phasen-Modell der Veränderung nach Streich
Eigene Darstellung in Anlehnung an Streich 1997, S. 243

3. Transformationale Führung

3.1 Definition und Komponenten transformationaler Führung

Widerstand sollte als neuralgische Botschaft für das Management verstanden werden. Diesbezüglich führt Mohr aus: „Es reicht nicht aus, zu verstehen, wie Individuen sich verhalten, sondern es gilt zu erforschen, warum sie sich in einer bestimmten Weise verhalten" (Mohr 1997, S. 119). Die vielfältigen Gründe sind sowohl innerhalb als auch außerhalb der Organisation zu verorten. Rechtliche Rahmenbedingungen, Budgetrestriktionen oder technische Hürden werden in dieser Arbeit jedoch vernachlässigt.

Tritt der Wandel zu schnell und vor allem unerwartet ein, haben Mitglieder oft nicht die notwendige Vorbereitungszeit, um auf Veränderungen reagieren zu können. Zudem geht der organisationale Wandel mit einem hohen Komplexitätsgrad einher und ist für die Mitarbeiter nur schwer nachvollziehbar (Rosenstiel/Comelli 2003, S. 189).

Die mangelnde Anpassungsfähigkeit, auch als Strukturkonservativismus bezeichnet, ist als häufigste Ursache für das Scheitern betrieblicher Veränderungsprozesse zu konstatieren (vgl. Scherm/Pietsch 2007, S. 241).

Widerstand darf nicht ignoriert, sondern muss vielmehr rechtzeitig erkannt werden, da Transformationen mit risikoreichen und oft auch existentiellen Prozessen verbunden sind. Der Umgang mit Widerstand stellt damit eines der elementaren Erfolgskriterien im Rahmen betrieblicher Veränderungsprozesse dar. Hieran knüpft das Konzept der transformationalen Führung, welches auf James McGregor Burns (1978) zurückgeht und auch heute noch besondere Aufmerksamkeit genießt. Der Begriff „Transformation" impliziert dabei Veränderungen als eines der grundlegenden Ziele dieser Führungstheorie, wobei gleichzeitig auch Grundzüge der charismatischen Führung integriert werden. Demnach sollen Werte, Normen und Einstellungen dahingehend verändert werden, dass Geführte den übergeordneten Zielen des Unternehmens folgen (vgl. Bass 1999; Hinkin/Tracey 1999).

Bass hat in den 1980er Jahren das Modell der transformationalen Führung weiterentwickelt und unter dem Schlagwort „New Leadership Paradigm" zusammengefasst. Dabei benennt Bass die folgenden vier Komponenten (die vier I's), die im Rahmen empirischer Analysen durch einen Fragebogen (MLQ = Multifactor Leadership Questionaire) identifiziert wurden (vgl. Avolio et al. 1999):

(1) „Idealized Influence"
(2) „Inspirational Motivation"
(3) „Intellectual Stimulation"
(4) "Individualized Consideration"

Idealized Influence

Bass (1985) differenziert zwischen Idealized Influence attributed und Idealized Influence behavior. Bei attributiertem idealisiertem Einfluss erhalten Führungskräfte Bewunderung, Respekt, sowie Authentizität und Anerkennung von den Mitarbeitern. Bei letzterem identifizieren sich Geführte mit dem Führenden und bringen ihm großes Vertrauen entgegen, da er leistungsorientiert und stets im Sinne der Organisation handelt. Dabei achtet die Führungskraft darauf, dass die gesetzten hohen Anforderungen auch von ihr selbst erfüllt werden. Der transformational Führende nimmt die Rolle einer Vorbildfunktion an, setzt hohe moralische Standards, beweist Kompetenz sowie Tugenden und zeigt Charakterstärke. Dadurch stellt die Führungskraft ihre eigenen Interessen in den Hintergrund und

betont die Gemeinsamkeit bei der Bewältigung der Aufgaben. Ihm werden besondere charismatische Eigenschaften wie Durchsetzungsvermögen, Hartnäckigkeit
und Entscheidungskraft zugeschrieben (vgl. hierzu Bass/Riggio 2006). Der transformationale Führungsbegriff bedarf jedoch neben Charisma noch weiterer Komponenten.

Inspirational Motivation

Mit inspirierender Motivation ist die Kommunikation und gemeinsame Entwicklung von überzeugenden Zukunftsvisionen gemeint. Die Führungskraft drückt
Optimismus aus und engagiert sich für die höher stehenden Bedürfnisse im Sinne
der Maslowschen Bedürfnispyramide (1954). Sie betont dabei die Sinnhaftigkeit
der Arbeit und kommuniziert Unternehmensziele in verständlicher Weise. Der
Führer ist von den Fähigkeiten der Geführten überzeugt und ermutigt sie bei der
Erreichung der festgelegten Ziele (vgl. Bass/Riggio 2006). Er greift auf sprachli-
che Symbole zurück, die von den Mitarbeitern geteilt werden und zur Stärkung
des Teamgeistes beitragen. Durch inspirierende Reden gelingt es ihm die Mitarbeiter zu begeistern und sie als Teil eines Ganzen mit Stolz zu erfüllen (vgl. Bass
1990).

Intellectual Stimulation

Die intellektuelle Stimulation befähigt Geführte alte Verhaltensweisen bzw.
Denkmuster abzulegen und einen Sinn für neue Problemlösungen zu verschaffen.
Bereits bestehende Sichtweisen sollen infrage gestellt und aus verschiedensten
Blickwinkeln kritisch reflektiert werden. Mögliche Fehler werden dabei von der
Führungskraft toleriert und dienen dem Innovationsprozess. Die Geführten sind
aktiv an der Problemlösung beteiligt und lernen den Status quo ständig zu hinter-
fragen (vgl. hierzu Bass 1985). Ziel dieser Komponente ist vor allem die geistige
Anregung und Förderung kreativen und innovativen Denkens.

Individualized Consideration

Individuelle Mitarbeiterorientierung zeichnet sich durch die hohe Wertschätzung
der Mitarbeiter seitens des Führenden aus. Geführte werden als individuelle Per-
sönlichkeiten wahrgenommen und nicht auf ihre Rolle oder Position in der Organisation reduziert. Die Führungskraft nimmt die Potenziale und Bedürfnisse jedes

einzelnen wahr, hört ihnen zu und unterstützt sie, z.b. in Form von Weiterbildungs- und Entwicklungsmöglichkeiten oder Delegation von verantwortungsvollen Aufgaben. Transformational Führende präferieren den persönlichen Kontakt und versuchen gleichermaßen als Coach und Mentor zu fungieren. Sie schaffen ein angenehmes Klima bei dem Offenheit und konstruktive Kritik erwünscht sind (vgl. hierzu Bass/Riggio 2006).

3.2 Forschungsstand zu den Auswirkungen transformationaler Führung

Die positive Wirkung transformationaler Führung auf unternehmensrelevante Variablen wird in der Literatur vielfach hervorgehoben (z.B. Avolio et al. 2009). Im Folgenden werden die Ergebnisse einiger Studien, die die transformationale Führung und deren Auswirkungen untersucht haben, vorgestellt.

3.2.1 Auswirkungen auf die Kohäsion

Bereits in Kapitel 3.2 wurde verdeutlicht, dass transformationale Führung Einstellungen, Werte und Motivation dahingehend „verändert", dass Geführte ihre eigenen Interessen zu Gunsten gemeinsamer und übergeordneter Ziele zurückstellen („beyond self-interest") (vgl. Burns 1978; Avolio/Bass 2004 S. 3ff.; Bass 1999; Hinkin/Tracey 1999). Ziel ist hierbei nicht nur die positive Auswirkung auf die individuelle Leistung, sondern vor allem auch die Steigerung der Effektivität der Gruppenzusammenarbeit.

Untersuchungen zufolge lässt sich vor allem die Kohäsion auf der Gruppenebene stärken, wodurch in der Folge positive Effekte hinsichtlich Produktivität, Kreativität und Innovation resultieren (vgl. Bass/Riggio 2006; Felfe 2005; Sosik/Jung 2010). Hier existieren jedoch widersprüchliche theoretische Annahmen bezüglich Teamkreativität und -innovation. Einerseits herrscht Einigkeit darüber, dass Kohäsion die Voraussetzung für Kreativität und Innovation ist. „High group cohesiveness is desirable, since it may be expected directly to motivate group members to be more creative, by increasing their feeling of psychological safety and self-actualization" (Nyström 1979, S. 45). Andererseits haben bestehende Normen eine große Bedeutung in der Gruppe, sodass Normverletzungen eine Bestrafung nach sich ziehen können und die Verhaltensvariabilität dadurch abnimmt (vgl. Anderson/King 1993). Hieraus resultiert das Problem des Mitläufereffekts.

3.2.2 Auswirkungen auf die kollektive Selbstwirksamkeitserwartung

Andere Untersuchungen zeigten bei der Bewältigung von Problemlöseaufgaben positive Auswirkungen auf die kollektive Selbstwirksamkeitserwartung und die Qualität der Ergebnisse, wenn der transformationale Führungsstil praktiziert wird (vgl. Sosik/Avolio/Kahai 1997). Jungs (2000) Untersuchungen ergaben, dass Teilnehmer, die unter der transformationalen Bedingung Brainstorming-Aufgaben zu bearbeiten hatten, mehr und vielfältigere Lösungsansätze entwickelten, als diejenigen mit transaktionaler Führung. Jedoch muss erwähnt werden, dass die Rahmenbedingungen einen deutlich größeren Einfluss auf das Ergebnis hatten, als die Wirkung des Führungsstils und eine positive Atmosphäre innerhalb einer Gruppe förderlich ist, wenn es um die Einflussnahme transformationaler Führung auf den Gruppenerfolg geht (vgl. Boerner/Streit 2006, S. 3ff.). Ein „aufopfernder" Einsatz der Vorgesetzten macht sich nebst einer verstärkten Attribution von Charisma ebenfalls positiv in Bezug auf die Leistung beim Brainstorming bemerkbar (vgl. van Knippenberg/van Knippenberg, 2005).

Hier knüpft ein weiterer Kritikpunkt an. Im Konzept der transformationalen Führung resultiert Charisma aus der Zuschreibung außergewöhnlicher Eigenschaften und Fähigkeiten, die bei den Geführten Bewunderung und Anerkennung auslösen (vgl. Bass/Avolio 1997). Nach Webers Grundverständnis ist Charisma jedoch nicht erlernbar und nur wenigen vorbehalten (vgl. Ridder 1999, S. 475f.).

3.2.3 Auswirkungen auf die Kreativität und Innovation

Detert und Burris (2007) konstatieren ausgehend von den Ergebnissen einer Längsstudie bezugnehmend auf eine amerikanische Restaurantkette, dass Mitarbeiter besonders dann kreative Ideenansätze entwickeln, wenn sie die Notwendigkeit der Veränderungsbereitschaft und -möglichkeit wahrnehmen. Je stärker die transformationale Führung ausgeübt wird, desto ideenreicher sind die Mitarbeiter (vgl. Detert/Burris 2007). Die positive Wirkung stellt sich allerdings nur dann ein, wenn die Geführten über die entsprechenden Kompetenzen und Rahmenbedingungen verfügen (vgl. Nederveen Pieterse/van Knippenberg/Schippers/Stan 2010).

14

3.2.4 Auswirkungen auf die Kooperationsbereitschaft

Im Gegensatz zu den genannten Untersuchungen, die sich auf die Effektivität einer Gruppenarbeit beziehen, zielen die Untersuchungen von De Cremer (2002) auf die Beeinflussung der Kooperationsbereitschaft durch Werte ab. Den Studien zufolge besteht zwischen der Kooperationsbereitschaft der Versuchspersonen in sozialen Dilemma-Situationen und der Risikobereitschaft der Führungsperson ein Komplementäreffekt. In Situationen, in denen die Führungskraft zum Eingehen persönlicher Risiken bereit ist, sind die Geführten eher zur Kooperation gewillt. Dieser Effekt fiel bei Personen mit starker sozialer Orientierung (pro social) schwächer aus als bei denjenigen, die stärker zu Konkurrenzdenken und egoistischen Sichtweisen (pro-self) neigen (vgl. De Cremer, 2002).

3.2.5 Auswirkungen auf die Wertehaltung

Krishnans (2002) Untersuchungen haben die Kongruenz zwischen dem Wertesystem des transformational Führenden und demjenigen der Geführten nachgewiesen. Bei der Analyse wurden die Geführten dazu aufgefordert, 18 vorgegebene Werte in eine Rangordnung zu bringen, die sich am ehesten mit ihren persönlichen Werten und Einstellungen deckt. Die Werte wurden dabei über die in der Werteforschung etablierte Rangtechnik erfasst. Die Ergebnisse lassen folgende Schlussfolgerung zu: Je stärker der transformationale Führungsstil praktiziert wird, desto höher decken sich die Werthaltungen von Führer und Geführten. Auch hier konnte eine signifikant positive Korrelation zwischen transformationaler Führung und den jeweiligen Werterangfolgen beobachtet werden, diese fiel jedoch vergleichsweise gering aus (vgl. Krishnan 2002).

3.2.6 Auswirkungen auf die Leistung und Zufriedenheit in Fusionen

Nemanich und Keller (2007) untersuchten den Einfluss transformationaler Führung auf Fusionen sowie deren Leistung und Zufriedenheit. Hierzu wurden Mitarbeiter zweier fusionierter US-Unternehmen mittels Fragebogen zu ihrer Einschätzung befragt. Die Auswertung der Ergebnisse offenbarte positive Kausalitäten, sowohl zwischen Akzeptanz und transformationaler Führung, als auch bezogen auf die Leistung und Zufriedenheit nach der Fusion. Zu verweisen ist auf den Umstand, dass bei der Untersuchung der zwei Firmen unterschiedlichen Produktschwerpunkten nachgegangen wurde, beide Firmen jedoch eine ähnliche Strategie verfolgten (vgl. Nemanich/Keller 2007).

3.2.7 Auswirkungen auf betriebswirtschaftliche Kennzahlen

In einer Management Simulationsstudie haben Avolio et al. (1988) den Einfluss transformationaler Führung im Hinblick auf betriebswirtschaftliche Kennzahlen wie bspw. Gesamtkapitalrentabilität, Marktanteil, Aktienkurs und earnings per share untersucht. Es zeigten sich positive Korrelationen zwischen den Erfolgsindikatoren und der transformationalen Führung (vgl. Avolio/Waldman/Einstein 1988, S. 78).

3.2.8 Auswirkungen in dynamischen Umweltbedingungen

De Hoogh et al. (2005) haben im Rahmen einer Management Studie Führungskräfte nach der Dynamik in ihrem Unternehmen befragt. Die Angestellten sollten das Führungsverhalten der Manager einschätzen und die Vorgesetzten der Manager deren Effektivität. Dabei ergab sich ein signifikanter Zusammenhang zwischen transformationaler Führung und Umweltdynamik. Je stärker eine Situation als dynamisch eingestuft wurde, desto effektiver wurde die transformationale Führung wahrgenommen (vgl. De Hoogh/Den Hartog/Koopman 2005)

4. Erfolgswirksamkeit transformationaler Führung in betrieblichen Veränderungsprozessen

4.1 Kritische Bestandsaufnahme der Auswirkung transformationaler Führung in organisationalen Wandlungsprozessen

Wird der transformationale Führungsstil in betrieblichen Veränderungsprozessen angewandt, dann ergeben sich folgende Chancen und Herausforderungen für das Führungsverhalten.

Betriebliche Veränderungsprozesse zielen auf die Sicherung der nachhaltigen Wettbewerbsfähigkeit. Dabei kann insbesondere der Wandel zweiter Ordnung den Gleichgewichtszustand durch situative Umwelteinflüsse beeinträchtigen (vgl.

Vahs 2012, S. 286). Die Ausrichtung auf (neue) Kernkompetenzen und -prozesse impliziert höhere Anforderungen und Komplexitäten, vor allem jedoch eine Erweiterung der Arbeitsinhalte. In solchen Situationen werden Mitarbeitern nur wenige Anhaltspunkte für angemessenes oder erwartetes Verhalten offeriert. Sie reagieren in der Folge verunsichert und reflektieren ihre eigene Kompetenz wesentlich selbstkritischer, wodurch sich letztlich die wahrgenommene Kompetenz reduziert. Mitarbeiter suchen in solchen Situationen demnach aktiv nach Hinweisreizen, um entscheiden zu können, wie sie sich verhalten sollen (vgl. Mischel 1977). Eben diese Suche nach Hinweisreizen bietet Führungskräften eine günstige Gelegenheit zu transformationaler Führung.

Die transformationale Führung profitiert insbesondere in „weak situations" (vgl. Yukl 1999) bzw. bei instabilen Umweltbedingungen. So kann sie durch Schaffung gemeinsamer Visionen paradigmatische Veränderungen der Arbeits- und Sichtweise der Geführten herbeiführen. Beispiele für übergeordnete Unternehmensziele und gemeinsame Visionen können z.B. die Steigerung der Konkurrenzfähigkeit durch Aneignung von produktbezogenem Know-how oder die Reduktion der Durchlaufzeiten und Materialbestände sowie verlängerte Arbeitszeiten zur Einhaltung von Lieferterminen sein (vgl. Strohm 2001, S. 50 f.).

Durch die individuelle Wahrnehmung (individualized consideration) der Geführten, kann sie in Problemsituationen helfen und ein offenes Kommunikationsklima schaffen (vgl. Bass/Riggio 2006). So können anstehende Veränderungen in verständlicher Weise kommuniziert und die Sinnhaftigkeit der Aufgaben vermittelt werden. Dabei lassen sich insbesondere durch symbolhafte Handlungen (inspirational motivation) der Führungskraft Anerkennung und Wertschätzung erzeugen. Beispielhaft verwiesen sei auf den Verzicht von Bonuszahlungen oder einem Anteil des Gehalts zur Vermeidung von Personalabbau. Dies schürt mitunter den Teamgeist der Mitarbeiter und fördert das Commitment zum Unternehmen. Die vier Komponenten transformationaler Führung legen dabei den Grundstein.

Folglich kann sie besonders in dynamischen und unsicheren Kontextfaktoren den Wandel positiv für sich nutzen und die Unsicherheiten bei den Organisationsmitgliedern reduzieren. So kann sie die intrinsische Motivation und Loyalität fördern, vor allem aber die Bereitschaft mehr zu leisten, als von ihnen erwartet wird. Herausfordernde Ziele können die zunehmende Relevanz postmaterieller Werte (mitunter den Wunsch nach Anerkennung und Selbstentfaltung am Arbeitsplatz) stärken. Dadurch können sich Produktivitätssteigerungen und höhere Absatzzahlen ergeben (vgl. Howell/Hall Merenda 1999), die letztendlich eine gute Ausgangsbasis für Restrukturierungsprozesse oder Fusionen darstellen. Untersuchungen von Nemanich und Keller (2007) bestätigen sowohl die positive Akzeptanz transformationaler Führung, als auch die Leistung und Zufriedenheit nach einem Fusionsprozess. In den Studien von Avolio et. al (1988) wurde nachgewiesen, dass der transformationale Führungsstil nicht nur die weichen Faktoren berücksichtigt, sondern auch harte Faktoren wie die Gesamtkapitalrentabilität, den Marktanteil, den Aktienkurs und die earnings per share begünstigt. Zudem wurde in einer Managementsimulation eine positive Korrelation zwischen den genannten Erfolgsindikatoren und der transformationalen Führung gemessen. Demnach zeigt sich „additional evidence to support the use of transformational [...] leadership to increase organizational effectiveness" (Avolio et al. 1988, S. 78).

In wissensintensiven Arbeitsfeldern, darunter bspw. der IT-Branche, werden in betrieblichen Veränderungsprozessen besondere Anforderungen an Mitarbeiter und ihre Fähigkeiten gestellt. Die ständig abnehmende Halbwertszeit erworbenen Wissens impliziert vor allem eine Erweiterung des intellektuellen Horizonts. Die oftmals begrenzt vorhandene Implementierungszeit verstärkt den Qualifizierungsdruck. Dabei ist besonders Gruppenarbeit entscheidend, um kreative und vielfältige Lösungsansätze zu generieren. Hier setzt die transformationale Führung an, indem sie Mitarbeiter zum Erproben neuer Lösungsansätze motiviert und sie intellektuell stimuliert. Ferner kann sie bei herausfordernden Aufgaben bzw. der Erschließung neuer Kompetenzen einen wichtigen Beitrag leisten. Die Komponente der intellektuellen Stimulierung wird im Kern durch kontinuierliche Fortbildungsmöglichkeiten erreicht. So wurde nachgewiesen, dass ein wertschätzendes transformationales Führungsverhalten und eine als gerecht empfundene Unternehmenskultur positive Effekte auf die Innovationsfähigkeit und Kohäsion in der Gruppe haben (vgl. Cohen-Charash/Spector 2001).

Die Untersuchungen von De Cremer (2002) zeigen, dass in Situationen, in denen die Führungskraft zum Eingehen persönlicher Risiken bereit ist, die Kooperationsbereitschaft der Geführten steigt. Folglich erfordert der Wandel eine ausgeprägte Vertrauensbereitschaft und die Bereitschaft zu Verzicht. Ausgehend von den Untersuchungen von Detert & Burris (2002) bedarf es somit der Erzeugung eines Gefühls der Notwendigkeit. Es gilt den Strukturkonservativismus zu überwinden, da dieser die langfristige Wettbewerbs- und Überlebensfähigkeit von Unternehmen gefährdet.

Kurzfristig betrachtet wirken sich die Ausarbeitung gemeinsamer Visionen und das hohe Commitment gegenüber dem Unternehmen u.U. positiv auf die Arbeitsleistung aus, z.B. durch höhere Absatzzahlen (vgl. Howell/Hall Merenda 1999) oder der Steigerung der Performance und Kundenzufriedenheit (vgl. Felfe/Heinitz 2010).

Unter langfristigen Gesichtspunkten kann es jedoch zu gesundheitlichen Beeinträchtigungen kommen, wenn Mitarbeiter permanent dazu aufgefordert werden, den Status quo zu hinterfragen und eigene Ideenansätze zu entwickeln. Dies kann bspw. zu Übermüdung, erhöhtes Stressempfinden oder Burnout münden (vgl. Beerheide et al. 2012, S.11f.) Durch angesetzte Mehrarbeit entsteht ein innerer Druck, der in Krisensituationen durch Arbeitsplatzunsicherheiten verstärkt wird und in der Folge zu erhöhten Krankenständen führen kann. Zudem kann das Sozialleben bzw. die Work-Life-Balance stark beeinträchtigt werden, wodurch Depressionen hervorgerufen werden können. Je länger die Arbeitszeiten, desto stärker das subjektive Empfinden der sozialen Isolation. Hieraus können wiederum höhere Fluktuationsraten resultieren.

Die Schaffung von Visionen könnte mitunter dazu führen, dass bereits einfache Ziele als Visionen angesehen werden, um die Akzeptanz der Geführten zu erreichen. Dadurch kann der Fokus auf die eigentlichen Ziele des Veränderungsprozesses in den Hintergrund geraten. Kritisiert wird auch die mangelnde Strukturierung der transformationalen Führungstheorie, da es keinen klaren Parameter zu geben scheint, an denen sich Führungspersonen orientieren können, insbesondere bei der Formulierung von Visionen (vgl. Northouse 2007).

Zudem ist unklar, inwieweit subjektive Erfolgsindikatoren bei den Ergebnissen der Studien eine Rolle spielen, insbesondere bei der höheren Zufriedenheit und dem höherem Commitment liegt der Verdacht nahe, dass durch die Bewertung der Geführten keine ausreichende Objektivität gewährleistet werden kann. Yammarino und Bass (1990) monieren in ihrer Studie, dass durch die Wahl objektiverer Maßstäbe transformationale Führung weniger positiv mit den Erfolgsindikatoren korreliert ist. Dies lässt die hohe Wirksamkeit der transformationalen Führung, insbesondere in betrieblichen Veränderungsprozessen, partiell anzweifeln.

Aus den klassischen Rollentheorien von Parsons oder Mead geht ferner hervor, dass Geführte neben der Rolle als Angestellte noch weitere Rollen inne haben. Es stellt sich die Frage, ob Paradigmen und Werte in der Form überhaupt veränderbar sind, da sich diese ebenso aus anderen Situationen manifestieren. Ergänzend ist kritisch anzumerken, dass Veränderungen nicht aus der Beziehung von Führer und Geführten resultieren, sondern vielmehr von der Führungskraft selbst ausgehen bzw. initiiert werden. Oelnitz (1999) kritisiert, dass Wertevorstellungen durch kurzfristige Beeinflussung nicht variabel sind. Der ungeplante Wandel kann einen enormen Handlungsdruck auslösen, wodurch der Organisation nur eine kurze Zeitspanne für die Gestaltung der Gegenmaßnahmen bleibt. Das proaktive Führungsverhalten kann dabei über Erfolg oder Misserfolg entscheiden.

Des Weiteren bestehen trotz der hohen Identifikation zum Unternehmen Risiken des Machtmissbrauchs bzw. die bewusste Manipulation der Geführten durch den Führer, um kurzfristige Gewinne einzufahren und bspw. die variable Vergütung zu erhöhen oder Unternehmensergebnisse zu beschönigen.

Auch in Gruppenprozessen kann es zu Dysfunktionalitäten kommen. Bei Gruppen mit unterschiedlichen Werthaltungen ist die Gefahr von Mitläufereffekten groß. Aus Angst vor Normverletzungen kann es zur Adaption fremder Lösungsansätzen ohne eigenen Denkeinsatz kommen (vgl. Anderson/King 1993). Einerseits nimmt die Verhaltensvariabilität innerhalb der Gruppe ab. Andererseits kann bei den Geführten eine höhere Risikobereitschaft entstehen, die in irrationalen Handlungen münden kann, da der transformational Führende öffentliche Kritik und Bestrafungen in jeglicher Form vermeidet. In betrieblichen Veränderungsprozessen können sich Fehlentscheidungen auf die gesamte Organisation auswirken. Eine falsche Absatzpolitik oder verspätete Entwicklungen zählen dabei zu den häufigsten internen Ursachen organisationaler Veränderungsprozesse (vgl. Vahs 2012, S. 324f.) und sind in Restrukturierungsprozessen oder Fusionen zum Scheitern verurteilt. Im schlimmsten Fall können durch derartige Fehler erneut Restrukturierungsmaßnahmen eingeleitet werden, die das Unternehmen in eine ernstzunehmende Krise versetzen könnten.

Da die transformationale Führung zu den neocharismatischen Führungstheorien gehört, verbirgt sich hinter dem Begriff Charisma vor allem die Gefahr einer blinden Gefolgschaft ohne dabei die Sinnhaftigkeit der Ziele und Visionen zu hinterfragen.

Die ständige Verpflichtung den Anforderungen der Führungskraft zu entsprechen, könnte die Geführten in ein Abhängigkeitsverhältnis katapultieren. Bleibt der gewünschte Erfolg aus, können Enttäuschungen den weiteren Entwicklungsprozess beeinträchtigen und Demotivation begünstigen. Die Komponente des „idealized influence" könnte in der Folge ihre Wirksamkeit verlieren. Außerdem ist die Führungskraft selbst einem permanenten Druck ausgesetzt, charismatisch und authentisch zu agieren, weshalb das Verhalten auf die Stärkung dieser Attribute ausgelegt sein kann, ohne dass es dem Unternehmenszweck dient (Oelnitz 1999, S. 153). So können sich gefährliche Wertehaltungen des Führers, z.B. in Form von despotischen Neigungen negativ auf die Unternehmenskultur auswirken und das Unternehmen in eine Krise versetzen bzw. den Veränderungsprozess scheitern lassen.

Beim Charismabegriff herrscht Uneinigkeit darüber, inwiefern die Erlernbarkeit in der Praxis gewährleistet werden kann. Bass ist jedoch der Ansicht, dass transformationale Führung durchaus erlernbar sei: „Transformational leadership can be learned, and it can – and should – be the subject of management training and development. Research has shown that leaders at all levels can be trained to be charismatic in both verbal and nonverbal performance" (Bass, 1990, S. 27).

Auch wenn sich die transformationale Führung augenscheinlich als adäquater Führungsansatz in betrieblichen Veränderungsprozessen darstellt, sollten dennoch auch die sich hieraus ergebenen Herausforderungen berücksichtigt werden.

4.2 Implikationen für die Praxis

Ausgehend von den Ergebnissen der Empirie herrscht Einigkeit darüber, dass der transformationale Führungsansatz zu einer Erhöhung von Zufriedenheit, Commitment und Empowerment am Arbeitsplatz beiträgt. In dynamischen und unsicheren Kontextfaktoren, bei der neue Anforderungen an Markt, Technologie und Strategie gestellt werden, scheint transformationale Führung besonders adaptiv zu sein. Derartige Situationen zeichnen sich vor allem durch Unsicherheiten, fehlende Strukturierung und Ungewissheit aus. Aus diesen Situationen heraus können keine optimalen Verhaltensweisen interpretiert werden, sondern lediglich Hinweise. In der Folge bestimmt vielmehr die individuelle Realisierung die Reaktion auf den vorliegenden Umstand als der Umstand selbst. Mitarbeiter orientieren sich dabei an Hinweisen, die auf eine bestimmte Verhaltensweise deuten lassen. Der transformationale Führungsansatz bietet in diesem Kontext Orientierungshilfen und Hinweisreize und hilft bei der Rollenfindung. Dadurch können die Unsicherheiten bei den Organisationsmitgliedern reduziert werden.

Auf Basis der theoretischen Grundlagen und empirischen Erkenntnisse kann die transformationale Führungskraft ihre Geführten zu besonders hohen Leistungen motivieren und die Lernbereitschaft anregen, wenn es ihr gelingt die Mitarbeiter von der Notwendigkeit der Veränderungsmaßnahmen zu überzeugen. Zu einem bedeutsamen Wandel gehört mehr als nur die reine Pflichterfüllung. Um die Vertrauens- und Kooperationsbereitschaft der Mitarbeiter zu gewinnen, bedarf es einer sorgfältigen Begründung und der Erzeugung eines Gefühls der Dringlichkeit (vgl. Doppler/Lauterburg, S. 460). Krisen können dabei helfen, da sie das Bewusstsein für Veränderungen anstoßen und erweitern. Die transformationale Führungskraft profitiert vor allem durch ihre Vorbildfunktion und kann durch Vorleben von bestimmten Werten und Tugenden Glaubwürdigkeit und Anerkennung suggerieren (vgl. Kapitel 3.1).

Der tiefgreifende Wandel respektive Wandel zweiter Ordnung benötigt vor allem Zeit und Ausdauer. Daher sollten Veränderungsprozesse rechtzeitig geplant und initiiert werden. Zeitvorgaben können helfen, sollten jedoch realistisch gestaltet sein. Dadurch können Handlungsspielräume geschaffen und unnötiger Zeitdruck reduziert werden. Die Erreichung von sichtbaren Erfolgen ist wichtig und Voraussetzung für einen langfristigen Wandel. „Short term" (vgl. Kotter 2007, S. 7) Ziele, die kurzfristig erreicht werden können (z.B. gestiegene Absatzzahlen oder Kundenzufriedenheit) fördern die nachhaltige Motivation.

Bei innovativen Projekten gilt es vor allem Fehler zu tolerieren, da sie den Mitgliedern die Gelegenheit geben Fehlentscheidungen zu überdenken und dadurch Lernprozesse angestoßen werden (vgl. Kieser/Walgenbach S. 402). Die Komponente der intellektuellen Stimulierung kann dabei ein innovationsförderndes Klima schaffen, da die transformationale Führungskraft öffentliche Kritik und Bestrafungen vermeidet. Dadurch bietet sie Geführten die Möglichkeit schneller zur Erkenntnisphase zu gelangen, bei der neue Verhaltensweisen ausprobiert und in Arbeitsabläufen integriert werden können. In der Integrationsphase können die gewonnen Erkenntnisse schließlich an andere Organisationsmitglieder weitergegeben werden(vgl. Kostka/Mönch 2006, S. 12). Es kommt zu einer Erweiterung der wahrgenommenen Kompetenz.

Wenn Organisationsmitglieder mit Aufgaben überfordert sind, dann ist vor allem die Rolle als Coach und Berater gefordert. Die Führungskraft kann hierbei ggf. auf seine eigene Fachkompetenz zurückgreifen und Probleme aufdecken. Sie sollte dabei methodische Hilfestellungen anbieten, Zwischenergebnisse zusammenfassen bzw. Probleme präsentieren (individualized consideration). Politische Widerstände bzw. auftretende Spannungen zwischen den Organisationsmitgliedern fordern die Konfliktlösungsfähigkeit der Führungskraft, wobei in der Folge ein offenes und vor allem innovationsförderndes Betriebsklima generiert werden kann.

Führungskräfte müssen sich vielmehr als Promotoren des Wandels betrachten, um die Komplexität und Unsicherheiten bei den Mitarbeitern zu reduzieren. Geschaffene Visionen sollten verständlich kommuniziert und ggf. schriftlich fixiert werden. So haben die Geführten stets die Unternehmensziele im Blick und können sie bei Bedarf nachlesen. Mitarbeiter- und Feedbackgespräche können dabei helfen, Informationsasymmetrien abzubauen und Zielabweichungen rechtzeitig zu registrieren. Der Partizipationsgrad und die Akzeptanz der Beteiligten sind dabei ausschlaggebende Determinanten für den Erfolg oder Misserfolg im organisationalen Wandel (vgl. hierzu Abbildung 2). Ferner gibt es keinen „one best way" beim Management von Wandel. Die transformationale Führung ist vor dem Hintergrund von wachsenden Märkten, Wettbewerb und Anforderungen als eine geeignete Grundlage zu bewerten und fördert den Umgang mit Komplexität und kritischer Selbstreflexion. Die positive Grundhaltung der transformationalen Führungskraft, die durch Offenheit und Ehrlichkeit geprägt sind, erleichtern die Einleitung und Umsetzung von Veränderungsmaßnahmen.

Dabei sollte sich die Führung nicht bloß auf das Topmanagement beschränken, sondern ebenso die mittlere und untere Führungsebene inkludieren (vgl. Bruch/Vogel 2005, S. 128). Führungskräfte der oberen Ebene haben Vorbildcharakter und können die nachgelagerten Hierarchieebenen unterstützen, z.B. durch Abstimmung der Rahmenbedingungen (vgl. Staehle 1999, S.935).

5. Fazit

Im Rahmen dieser Arbeit konnte gezeigt werden, dass der transformationale Führungsansatz durchaus Chancen und Potenziale in betrieblichen Veränderungsprozessen aufweist. Dabei kann die transformationale Führung besonders in unsicheren und dynamischen Umweltbedingungen ihre Wirkungskraft entfalten.

Der Wandel erfordert in jedem Fall eine ausprägte Vertrauenskultur, besonders jedoch die Bereitschaft für Veränderungen, um die Unsicherheiten bei den Mitarbeitern zu reduzieren. Hier knüpft das Konzept der transformationalen Führung an, indem es durch Beeinflussung von Normen und Einstellungen, sowie der Schaffung von gemeinsamen Visionen versucht, Geführte von der Notwendigkeit der Veränderungsmaßnahmen zu überzeugen (vgl. Bass 1999, S. 9ff.; Hinkin/Tracey 1999, S. 105-119). Gelingt dies, so können vorhandene Widerstände im Unternehmen abgebaut und ein höheres Bedürfnis-Niveau bei den Mitarbeitern bewirkt werden, indem die transformationale Führung als Orientierungshilfe fungiert und Hinweisreize bietet. Dadurch kann sie insbesondere bei Restrukturierungen und Fusionen die Komplexität hinsichtlich der daraus resultierenden Veränderungen zu Entwicklungsaufgaben umformen und die Wandlungsfähigkeit der Mitarbeiter stärken. Die Untersuchungen von De Hoogh et al. (2005) untermauern diese Erkenntnis. Je stärker eine Situation als dynamisch eingestuft wurde, desto effektiver wurde die transformationale Führung wahrgenommen.

Die Komponente der intellektuellen Stimulierung ist dabei von grundlegender Bedeutung, da sie das rationale Problemlösen fördert und bei der Erschließung neuer Kompetenzen hilft. Durch Vermeidung von Bestrafungen kann der transformational Führende ein offenes Unternehmensklima schaffen und ggf. Fluktuationsraten reduzieren. Vorhandene Potenziale können individuell, z.B. durch Weiterbildungen gefördert werden. Er berücksichtigt vor allem die zunehmend geforderten postmateriellen Werte, darunter bspw. den Wunsch nach Autonomie und Selbstbestimmung am Arbeitsplatz. Die Untersuchungen belegen ferner, dass sich hieraus Produktivitätssteigerungen, höhere Absatzzahlen und ein gesteigertes Commitment gegenüber dem Unternehmen ergeben. Im Vergleich zu anderen Führungskonzepten deuten die Studien „auf eine Überlegenheit des transformationalen Führungsverhaltens im Hinblick auf die Erfolgswirksamkeit hin" (Bass/Steyrer 1995, S. 261). Da die transformationale Führung den neocharismatischen Führungstheorien zugeordnet wird, stellt sich die Frage nach der Erlernbarkeit in der Praxis. Aktuelle Veröffentlichungen weisen auf die Erlernbarkeit transformationaler Führungsinhalte hin (vgl. z.B. Bass/Riggio 2006, S. 142ff.).

Dennoch sollten auch die Schwächen der transformationalen Führung in organisationalen Wandlungsprozessen nicht vernachlässigt und die Ergebnisse der Studien kritisch reflektiert werden. Bei einigen Studien bleibt die Frage offen, inwiefern eine hinreichende Objektivität gewährleistet ist. Auch die Rahmenbedingungen spielten bei den Untersuchungen eine erhebliche Rolle.

Zu den negativen Auswirkungen zählen vor allem die gesundheitlichen Beeinträchtigungen, die sich langfristig einstellen und den weiteren Entwicklungsprozess hemmen können. Er kann vor allem das Mitläufertum fördern, besonders jedoch dann, wenn sich Geführte gänzlich auf die Fähigkeiten des Führenden verlassen (vgl. Oelnitz 1999, S. 153). In der Folge könnte die Innovationsfähigkeit sinken, welcher ein wichtiger Wettbewerbsfaktor in betrieblichen Veränderungsprozessen darstellt.

Zudem existieren moralische Bedenken dahingehend, ob Werte und Paradigmen in der Form veränderbar sind. Möglich ist vor allem der Machtmissbrauch der Führungskraft, um Eigeninteressen durchzusetzen. Hierdurch geraten die Veränderungsziele sodann in den Hintergrund.

Dennoch: Die Forschung auf dem Gebiet der Gruppenprozesse und transformationaler Führung muss als noch sehr jung und uneinheitlich eingestuft werden, sodass hier keinesfalls von einem zusammenhängenden und konsistenten Bild bzgl. der Auswirkungen transformationaler Führung gesprochen werden kann. Es gilt vor allem zu untersuchen, ob der transformationale Führungsansatz nach einer erfolgreichen Implementierung von Restrukturierungsprozessen oder Fusionen weiterhin seine Anwendbarkeit finden kann und Mitarbeiter nicht erneut in alte Verhaltensmuster verfallen. Aus wissenschaftlicher Sicht besteht demnach noch erheblicher Forschungsbedarf.

Literaturverzeichnis

Anderson, N. R./King, N. (1993): Innovation in organization. International Review of Industrial and Organizational Psychology, 8, S. 1-34.

Ashforth, B. E./Lee, R. T. (1990): Defensive Behavior in Organizations: A Preliminary Model. Human Relations, 43, S. 621-648.

Avolio, B. J./Bass, B. M. (2004): Multifactor Leadership Questionnaire, Manual, Third Edition. Lincoln. S. 3-6.

Avolio, B. J./Bass, B. M./Jung, D. I. (1999). Re-examining the Components of Transformational and Transactional Leadership using the Multifactor Leadership Questionnaire. Journal of Occupational and Organizational Psychology, 72, S. 441-462.

Avolio, B. J./Waldman, D. A./Einstein, W. O. (1988): Transformational Leadership in a Management Game Simulation. Group & Organization Studies, 13 (1), S. 70-80.

Avolio, B. J./Walumbwa, F. O./Weber, T. J. (2009): Leadership: Current theories, research, and future directions. Annual Review of Psychology, 60, S. 421-449.

Bass, B. M. (1985): Leadership and performance beyond expectations. New York: The Free Press.

Bass, B. M. (1985): Leadership: Good, Better, Best. Organizational Dynamics, 13, S. 26-40.

Bass, B. M. (1990): From Transactional to Transformational Leadership: Learning to share the Vision. Organizational Dynamics, 18, S. 19-31.

Bass, B. M. (1999): Two decades of research and development in transformational leadership. European Journal of Work and Organizational Psychology, 8, S. 9-32.

Bass, B. M./Avolio, B. J. (1997): Full Range Leadership Development. Manual for the Multifactor Leadership Questionnaire. Redwood City: Mind Garden

Bass, B. M/Riggio, R. E. (2006): Transformational Leadership. New Jersey: Lawrence Erlbaum Associates.

Beer, M./Nohria N. (2000): Breaking the Code of Change. Boston: Harvard Business School Press.

Beerheide, E./Figgen, M./Seiler K. (2012): Den Wandel gesund gestalten – langfristig erfolgreich restrukturieren. Ein Leitfaden für Personalverantwortliche und Führungskräfte. In: Landesinstitut für Arbeitsgestaltung des Landes Nordrhein-Westfalen, S. 9-12.

Boerner, S./Streit, C. (2006): Gruppenstimmung (group mood) als Erfolgsbedingung transformationaler Führung. Zeitschrift für Arbeits- und Organisationspsychologie, 50, S. 3-8.

Böning, U./Fritschle, B. (1997): Veränderungsmanagement auf dem Prüfstand. Eine Zwischenbilanz aus der Unternehmenspraxis. Freiburg: Haufe, S. 41-43.

Bruch, H./Vogel, B. (2005): Organisationale Energie. Wie Sie das Potenzial Ihres Unternehmens ausschöpfen. Wiesbaden: Gabler, S. 128.

Bullinger, H. J. (1996): Erfolgsfaktor Mitarbeiter: Motivation – Kreativität – Innovationen. Stuttgart: B. G. Teubner, S. 2.

Burns, J. M (1978): Leadership. New York: Harper & Row.

Callan, V. J. (1993): Individual and organizational strategies for coping with organizational change. Work & Stress, 7 (1), S. 64-75.

Cohen-Charash, Y./Spector, P. E. (2001): The role of justice in organizations: A meta-analysis. Organizational Behavior and Human Decision Processes, 86, S. 278-321.

De Cremer, D. (2002). Charismatic leadership and cooperation in social dilemmas: A matter of transforming motives? Journal of Applied Psychology, 32, S. 997-1016.

De Hoogh, A. H. B./Den Hartog, D. N./Koopman, P. L. (2005). Linking the big five-factors of personality to charismatic and transactional leadership; perceived dynamic work environment as a moderator. Journal of Organizational Behavior, 26, S. 839-865.

Detert, J. R./Burris, E. R. (2007): Leadership behaviour and employee voice: Is the door really open? Academy of Management Journal, 50, S. 869–884.

Felfe, J. (2005): Charisma, transformationale Führung und Commitment. Köln: Kölner Studien Verlag, S. 89-102.

Felfe, J./Heinitz, K. (2010): The impact of consensus and agreement of leadership perceptions on commitment, organizational citizenship behaviour, and customer satisfaction. European Journal of Work and Organizational Psychology, 19, S. 279-303.

Greif, S./Runde B./Seeberg I. (2004): Erfolge und Misserfolge beim Change Management: Eine integrative Theorie und neue praktische Methoden. Göttingen: Hogrefe, S. 55.

Hinkin, T. R./Tracey, J. B. (1999). The relevance of charisma for transformational leadership in stable organizations. Journal of Organizational Change Management, 12, S. 105-119.

Holtbrügge, D. (2004): Personalmanagement. Berlin: Springer, S. 206.

Howell, J. M./Hall-Merenda, K. E. (1999). The ties that bind: The impact of leader-member exchange, transformational and transactional leadership, and distance on predicting follower performance. Journal of Applied Psychology, 84 (5), S. 680-694.

Hunt, J. G./Conger, J. A. (1999): From where we sit: An assessment of transformational and charismatic leadership research. Leadership Quarterly, 10 (3), S. 335-343.

Jung, D. I. (2000): Transformational and transactional leadership and their effects on creativity in groups. Creativity Research Journal, 13, S. 185-195.

Kahn, R. L./Wolfe, D. M./Quinn, R. P/Snoek, J. D/Rosenthal R. A. (1964): Organizational Stress: Studies in role conflict and ambiguity. New York: Wiley, S. 75-78.

Kieser, A./Hegele, C./Klimmer, M. (1998). Kommunikation im organisatorischen Wandel. Stuttgart: Schäffer-Poeschel, S. 121-123.

Kieser, A./Walgenbach, P. (2010): Organisation – 6.Auflage, Stuttgart: Schäffer-Poeschel, S. 402.

Kostka, C./Mönch A. (2006): Change Management. München: Hanser Verlag, S. 12.

Kotter, J.P. (2007): Leading Change - Why Transformation Efforts Fail. In Harvard Business Review, S. 7.

Kraus, G./Becker-Kolle, C./Fischer T. (2006): Handbuch Change Management. Berlin: Cornelsen, S. 62.

Krishnan, V. R. (2002): Transformational leadership and value system congruence. International Journal of Value-Based Management, 15, S. 19-33.

Kruse, P. (2005): Next Practice. Erfolgreiches Management von Instabilität. Veränderung durch Vernetzung. Offenbach: Gabal, S. 24.

Maslow, A. H. (1954): Motivation and personality. New York: Addison Wesley Pub Co Inc.

Meyer-Eilers, B. (2006): Partizipation im Wandel – eine Frage der Motivation und Führung. In Reimer, J. M./Hahne, A./Meyer-Eilers, B (Hrsg.), Führung im Wandel. Effiziente Reorganisation – Erfahrungen und Perspektiven. Bern: Haupt Verlag, S. 55-57.

Mischel, W. (1977): The interaction of person and situation. In Magnusson, D./Endler, N. S. (1977): Personality at the crossroads: Current issues in interactional psychology. Hillsdale: Lawrence Erlbaum, S. 333-352.

Mohr, N. (1997): Kommunikation und organisatorischer Wandel: Ein Ansatz für ein effizientes Kommunikationsmanagement im Veränderungsprozess. Wiesbaden: Gaber, S. 119.

Nederveen Pieterse, A./van Knippenberg, D./Schippers, M./Stan, D. (2010): Transformational and transactional leadership and innovative behavior: The moderating role of psychological empowerment. Journal of Organizational Behavior, 31, S. 609-623.

Nemanich, L. A./Keller, R. T. (2007): Transformational leadership in an acquisition: A field study of employees. Leadership Quarterly, 18, S. 49-68.

Northouse, P. G. (2007) Leadership: Theory and practice. Thousand Oaks, CA: SAGE Publications.

Nyström, H. (1979). Creativity and innovation. Chichester: John Wiley & Sons, S.45.

Oelnitz, D. von der (1999). Transformationale Führung im organisatorischen Wandel: Ist alles machbar? Ist alles erlaubt? Zeitschrift Führung und Organisation, 68 (3), S. 151-155.

Picot, A./Freudenberg, H./Gaßner, W. (1999): Management von Reorganisationen, Maßschneidern als Konzept für den Wandel. Wiesbaden: Gabler.

Ridder, H. G. (1999): Personalwirtschaftslehre. Stuttgart: Kohlhammer, S.475-477.

Rosenstiel, L. v./Comelli, G. (2003): Führung zwischen Stabilität und Wandel. München: Vahlen, S. 189.

Schanz, G. (1994): Organisationsgestaltung, Management von Arbeitsteilung und Koordination (2. Auflage). München: Vahlen, S. 386.

Scherm, E./Pietsch G. (2007): Organisation: Theorie, Gestaltung, Wandel. München: Oldenburg Verlag.

Seidel, E./Jung, R./Redel, W. (1988): Führungsstil und Führungsorganisation (Bd. 1). Darmstadt: Wissenschaftliche Buchgesellschaft, S. 3-5.

Sosik, J. J./Avolio, B. J./Kahai, S. S. (1997): Effects of leadership style and anonymity on group potency and effectiveness in a group decision support system environment. Journal of Applied Psychology, 82, S. 89-103.

Sosik, J. J./Jung, D. I. (2010): Full range leadership development: Pathways for people, profit, and planet. New York: Routledge/Taylor & Francis Group.

Staehle, W. H./Conrad, P./Sydow, J. (1999): Management: Eine verhaltenswissenschaftliche Perspektive. München: Vahlen.

Steyrer, J. (1995): Charisma in Organisationen. Sozial-kognitive und psychodynamisch-interaktive Aspekte von Führung. Frankfurt/Main: Campus, S. 261.

Streich, R. K. (1997): Veränderungsprozessmanagement. In Reiß, M./Rosenstiel, L.v./Lanz. A (1997): Change-Management: Programme, Projekte und Prozesse. Stuttgart: Schäffer-Poeschel, S. 243.

Strohm, O. (2001): Gestaltung betrieblicher Veränderungsprozesse. Was zeichnet erfolgreiche Projekte aus? Herbstkonferenz. Dortmund: Gesellschaft für Arbeitswissenschaft, S. 50-51.

Vahs, D. (2012): Organisation. Einführung in die Organisationstheorie und –praxis. Stuttgart: Schäffer-Poeschel.

Vahs, D./Leiser, W. (2007): Change-Management in schwierigen Zeiten, Erfolgsfaktoren und Handlungsempfehlungen für die Gestaltung von Veränderungsprozessen. Wiesbaden: Deutscher Universitätsverlag, S. 27.

Van Knippenberg, B./van Knippenberg, D. (2005): Leaderself-sacrifice and leadership effectiveness. The moderating role of leader prototypicality. Journal of Applied Psychology, 90, S. 25-37.

Watzlawick, P./Weakland, J. H./Fisch R. (1974): Change: Principles of Problem Formation and Problem Solution. New York: W. W. Norton & Co, S. 10.

Weibler, J. (2012): Personalführung. München: Vahlen, S. 19.

Yammarino, F. J./Bass, B. M. (1990): Transformational Leadership and Multiple Levels of Analysis. Human Relations, 43 (10), S. 975-995.

Yukl, G. (1999): An evaluation of conceptual weaknesses in transformational and charismatic leadership theories. Leadership Quarterly, 10 (2), S. 285-305.